AF262204

MONNAIES

A LÉGENDES ARABES

FRAPPÉES EN SYRIE PAR LES CROISÉS

NON·UNI·US·LIBR·

MONNAIES

A LÉGENDES ARABES

FRAPPÉES EN SYRIE PAR LES CROISÉS

PAR

Henri LAVOIX

CONSERVATEUR ADJOINT DU DÉPARTEMENT DES MÉDAILLES
DE LA BIBLIOTHÈQUE NATIONALE

PARIS

JOSEPH BAER ET CIE

LIBRAIRES DE LA BIBLIOTHÈQUE DE L'ÉCOLE NATIONALE DES BEAUX–ARTS

2, RUE DU QUATRE–SEPTEMBRE, 2

—

1877

MONNAIES

A LÉGENDES ARABES

FRAPPÉES EN SYRIE PAR LES CROISÉS

I

Le département des manuscrits de la Bibliothèque
nationale possède un curieux volume. Il porte le nu-
méro 17,803 du fonds latin. C'est un recueil de titres
originaux et de copies de titres, dans lequel se sont glissées, il est vrai, quelques pièces douteuses, mais dont
le petit nombre ne saurait infirmer ni la valeur, ni l'autorité de ces documents. Ce volume se compose, dans
sa plus grande partie, d'engagements souscrits aux pays
d'outre-mer par des Croisés à des banquiers italiens. Ces
maisons de banque avaient leur siége principal, soit à

Gênes, soit à Florence, à Sienne ou à Plaisance, et leurs succursales en Chypre, en Egypte et en Syrie. C'est à ces compagnies que les chevaliers ont recours pour des emprunts, et c'est au nom de leurs gérants que les reçus sont signés par les emprunteurs. Sur trois cents pièces environ qui constituent ce recueil, nous avons compté près de deux cents billets à ordre; le reste comprend des mandats, des lettres de garantie et des lettres de circulation. Il nous est facile de saisir, par là, le système de crédit et de suivre le mouvement de l'argent pendant les guerres saintes.

Dans cette immense histoire des expéditions d'outre-mer, je ne prétends pas ouvrir et clore à cette place le chapitre des finances des Croisades. C'est une étude nouvelle dont l'importance sollicitera un jour, je l'espère, les recherches des savants, mais qui dépasserait et de beaucoup les limites de ce travail. Je me borne à une note à ce sujet: elle suffira, je pense, à indiquer l'intérêt de la question.

Le soldat des Croisades était peu prévoyant. Sans trop se rendre compte des dépenses du voyage, des frais de nolisation et des difficultés au point d'arrivée, il partait. Il marchait vers l'inconnu avec cette confiance que donne la foi et avec cet espoir qui naît de la vie aventureuse du soldat. Après avoir pourvu aux premiers besoins du départ, il attendait tout des événements. Lorsque notre Joinville prit la croix, il se rendit d'abord à Metz, où il laissa en gage *une grande foison de sa terre*. Le comte de Sarrebruck et lui, louèrent à frais communs à Marseille, un vaisseau pour eux et pour leurs gens. En débarquant en Chypre, leurs finances étaient presque épuisées. « Moi qui n'avais pas mille

» livres de rente en terre, je me chargeai quand j'allai
» outre-mer de moi dixième de chevaliers, et de deux
» chevaliers portant bannière ; et il m'advint ainsi que,
» quand j'arrivai en Chypre, il ne m'était demeuré de
» reste que deux cent quarante livres tournois, mon
» vaisseau payé. A cause de quoi quelques-uns de mes
» chevaliers me mandèrent que si je ne me pourvoyais
» pas de deniers, ils me laisseraient. Et Dieu, qui ja-
» mais ne me faillit, me pourvut en telle manière que
» le roi, qui était à Nicosie, m'envoya quérir, et me
» retint à ses gages, et me mit huit cents livres dans
» mes coffres ; et alors j'eus plus de deniers qu'il ne
» m'en fallait [1]. »

Mais le sire de Joinville était un personnage, et tous
les chevaliers n'avaient pas, comme le sénéchal de Cham-
pagne, la bonne fortune de voir le roi venir à leur secours. Chacun se pourvoyait donc à sa façon une fois ar-
rivé en Terre-Sainte. Les envois d'argent étaient rares,
en raison même des difficultés du transport et des
chances de la traversée. Pourtant on se servait parfois
de ce moyen, ainsi que nous l'apprend une lettre de
l'abbé de Ressons à Jean de Haumont. L'abbé confie à
un chevalier, partant pour la Palestine, deux cents livres
parisis que le porteur doit remettre aux pays d'outre-
mer au destinataire. Cette somme provient des revenus
de Jean de Haumont, touchés en son nom par l'abbé de
Ressons.

« Nobili viro et karissimo militi Johanni domino de Haumont.
S., abbas de Ressons, salutem in Domino et paratam semper ad
ejus mandata voluntatem.

[1] Joinville, *Histoire de saint Louis*, édit. de M. Natalis de Wailly, p. 91.

Notum vobis facimus quod Guillelmo de Faiaco ipso uno militum ad transmarinas partes transfretaturo, ducentas libras parisienses vobis ultra mare tradendas commisimus. Que quidem ducente libre residue sunt denariorum per nos nomine vestro de terre vestre redditibus hucusque preceptorum, cum jam de dictis denariis in caput mensis Marcii proximo preteriti, Johanni Fabri, Rothomagensi mercatori, cujusdam obligacionis vestre latori, trecentas libras turonenses vobis, ut apparuit, apud Nymocium in Chypro mutuatas reddiderimus. Pecunie nichilhominus si vobis ad hoc opus fuerit, noveritis et noverint universi quod, ad mandatum vestrum, cuicunque litteras vestras afferenti summam, quam vobis mutuo accipere placuerit, indilate solveremus, sive de vestris denariis ex nunc in futurum nomine vestro persolvendo, sive eciam de denariis nostris propriis. De statu autem vestro quem semper prosperum esse speramus, quociens oportunum erit, nos certiores reddere velitis. Valeat nobilitas vestra. Datum anno gratie M° CC° quinquagesimo, mense aprili [1]. »

L'argent est donc envoyé directement : mais ces expéditions du numéraire ne sont pas dans les habitudes ; elles forment exception. Les chevaliers plus avisés ou mieux conseillés, prennent du papier d'une maison de banque. « A. 1207. Simon Rubeus bancherius fatetur » habuisse L. 34 denariorum Januæ ex denariis 32 pro » quibus W^{mus} bancherius ejus frater debet dare in Palermo marcas octo boni argenti illi qui ei dabit hanc » cartam [2]. »

C'est la lettre de change ; elle est rare. La lettre de crédit est commune. Je transcris avec plaisir cette noble lettre du connétable de Montmorency, que la volonté du roi Philippe retient en France, et qui, à défaut de son épée, met sa fortune au service de la guerre sainte.

[1] Ms. de la Bibliothèque nationale, fonds latin, n° 17,803, f° 89.
[2] Canale, *Storia di Genova,* tome III, p. 206.

« Ego Matheus, dominus Montis Morenciaci, Francie constabularius, notum facio universis presentes litteras inspecturis quod
cum totam vitam et omnia bona mea ad deffensionem ecclesie
sancte et ad expugnationem quorumlibet inimicorum ejusdem
per totas mundi partes, pro posse meo, effundere firme et stu-
diose velim, michi vero, de voluntate karissimi domini mei Phi-
lippi, illustris Francorum regis, a regno Francie discedere non
liceat, committo vices meas in terra sancta Jherosolimitana,
contra inimicos Crucis gerendas, karissimis dominis Radulpho
de Marolio, cognato meo specialique super hoc meo procuratori,
Johanni de Villeriis, Roberto de Hervileio, Guillelmo de Mileio,
Radulpho de Vitreio, Johanni de Hedovilla, Guillelmo de Proseio,
Henrico de Vendolio, Galtero de Betisiaco, Guillelmo de Savosia,
militibus necnon armigeris et hominibus ipsorum, quos omnes ad
expensas meas et vadia mea, hoc transmarino servicio durante,
assigno et retineo. Et ad solucionem dictorum vadiorum faciendam, vel eciam, si opus fuerit, ad mutua quoque erga quaslibet
personas, in partibus transmarinis, pro me et meo nomine, usque
ad summam trium millium librarum turonensium contrahenda
aut ad prestandum nominis mei garrandiam quibuslibet hominibus de feodo meo proprio ceu etiam hanoniensi ultra mare
existentibus, pro quibuscumque mutuis sufficienter per eosdem
privato nomine contrahendis, servata quidem clausula terre in
manu mea posite, facio et constituo predictum meum specialem
et certum procuratorem prefatum dominum Radulphum de Marolio, vel si ipsum mori aut alias deficere contingeret, duos
quoslibet ex aliis militibus supra nominatis, per socios eorumdem in solidum eligendos, promittens bona fide, me ratum et
firmum habiturum quicquid per dictos procuratorem sive procu-
ratores meos in predictis et circa predicta actum fuerit. In cujus
rei testimonium presentes litteras sigilli mei munimine feci ro-
borari. Actum Parisius, anno domini M° CC° nono decimo. Mense
Marcio [1]. »

L'engagement porte au dos le nom du banquier Cor-

---

[1] Ms. n° 17,803, f° 81.

sali qui l'a accepté. L'évêque de Paris, Maurice de Sully, répond lui aussi des dettes contractées par des chevaliers :

« In nomine Domini amen:
Ego Mauritius, Dei gratia Parisiensis episcopus, universis notum fieri volumus, quod cum per relationem quorumdam fidelium ex Acconensibus partibus redeuntium audiverimus certis militibus nostris ad periculosum opus ecclesie orientalis defendende insudantibus et telis paganorum cotidie se obicientibus quam plura, ad militandum necessaria deesse. Cumque igitur super hoc ex officio nostro tales Christi commilitones tueri debeamus et eis deceat diligenter stipendia provideri, notificari curamus omnibus hominibus quod quicumque impenderit et dederit octingentas marcas argenti dictis militibus nostris, videlicet Radulpho de Argentolio, Willelmo de Roquencurt, Giloni de Versaliis, Petro de Runcorollis, Petro Mareschallo, Guidoni de Hedovilla, Guidoni de Condren, Thome de Brueriis, Bartholomeo de Brueriis, Petro de Vicinis, Galoni de Montegniaco, Rogero de Villadauroy, Roberto de Hanacurt, Petro de Liencurt, Willelmo de Bouvilla et Giloni de Grangia, de dictis octingintis marcis collationem factam sufficienter probans per nos Parisius indilate restaurabitur et super hoc ex debita caritatis observatione ad curam et diligenciam quam maximas omnes exhortamur..... Actum Parisius anno incarnationis Domini M° C° XCI°, episcopatus XXXI° [1]. »

Je donne la traduction d'une lettre de Barthélemy, doyen d'Arras. Elle est datée d'Arras, et elle porte la date 1217 :

« Sachent tous, que quiconque aura compté par chaque année aux gentilshommes ci-dessous nommés, partant pour Jérusalem et porteurs des présentes, savoir à Baudouin de Henchin, jusqu'à concurrence de cent cinquante livres parisis; à Gui de

---

[1] Ms. n° 17,803, f° 69.

Hautecloque, jusqu'à concurrence de cent trente livres; à Jean de Bouffles, jusqu'à concurrence de quatre-vingt-dix livres et à Pierre du Châtelet, jusqu'à la même valeur de quatre-vingt-dix livres, à chacun par chaque année, moi, à ce prêteur ou à son mandataire reconnu, qui m'apportera les lettres constatant l'obligation desdits seigneurs, je restituerai les sommes qu'il aura avancées auxdits seigneurs jusqu'à concurrence des valeurs ci-dessus énoncées, auxquelles sont estimés les revenus annuels des biens qui m'ont été commis par lesdits seigneurs[1]. »

Si j'ai cité ce titre dans presque toute sa teneur, c'est qu'il nous donne la formule ordinaire des lettres de crédit; les pièces analogues se multiplient avec de légères différences dans les rédactions. Ces lettres sont signées, ou plutôt scellées, par les suzerains, par les hauts barons, par des évêques, ou par des notaires.

« Ego Rostagnus Paynus, publicus Massilie notarius, notum facio omnibus et testificor quod quicunque tradiderit in partibus transmarinis, nobilibus viris Geraldo de Boza, Berengario Vincentio, Raimundo Aigardo et Willelmo Gallardo, cuique eorumdem usque ad summam quinque et viginti marcharum argenti, ipse in dicta summa apud Massiliam per manus rectoris Massilie integre restaurabitur, prout amplius declaratur in generali plegiacionis magno instrumento, jussu et nomine predictorum rectorum publice confecto et in tribus transcriptis bulla plumbea capituli rectorum Massilie sigillatis redacto atque tradito communitati cruce signatorum in ipso designatorum. Ego autem, Rostagnus predictus, rogatu dominorum supranominatorum, ad majorem ipsorum securitatem et commoditatem, hanc cartulam per manum meam factam signi mei munimine roboravi. Actum in capitulo rectorum Massilie anno incarnacionis Domini M° CC° XVIII°, Indictione V, VII° Idus Maii[2]. »

---

[1] Ms. n° 17,803, f° 11.
[2] Ms. n° 17,803, f° 78.

A défaut de ces lettres d'introduction, de ces garanties, le Croisé de la Terre-Sainte faisait directement emprunt au banquier. A Saint-Jean-d'Acre, un Rohan empruntait aux Pisans Eudes de Polpëio, Hervé Roselli et Guillaume de Haïa cent vingt marcs d'argent et donnait pour gages ses armes, ses chevaux, ses harnais et tous ses biens :

« Ego Alanus, vicecomes de Rohen, notum facio universis quod ego super conventionibus habitis de mutuo centum et viginti marcarum argenti inter karissimos meos Eudonem de Polpreio, Herveum Rossellum et Willelmum de Haiis et Ansaldum Barbarum, Pisanum civem, me plegium constitui tali modo quod si prefati domini dictas conventiones in litteris eorumdem plenius contentas irritarent, ego prenotatam peccunie summam solvere tenerer, ad hoc obligans equos meos, meaque arma et arnesia et generaliter omnia bona mea. Actum apud Accon, in crastino decollacionis Sancti Johannis Baptiste[1]. »

Ces sortes d'obligations étaient peu communes. Sans doute le prêteur les consentait difficilement, en raison du péril qu'encourait la dette. En ces temps de combats continuels, la mort du chevalier contractant pouvait survenir et l'effet souscrit restait en souffrance. La guerre jetait le plus grand trouble dans les transactions, et la créance qui semblait la plus sûre n'était pas toujours payée à l'époque dite. Le roi de Jérusalem, Jean de Brienne, débiteur de la maison Luchino Corsali, priait par intermédiaires ces banquiers de lui accorder des délais pour les sommes dues à eux par lui. Le roi donne pour motif de ces retards que depuis longtemps il ne lui est pas venu de secours d'outre-mer :

---

[1] Ms. n° 17,803, f° 5.

« Luchino Corsali et toti ejus Societati J. Dei gratia Jerusalem rex, salutem et sinceram dilectionem. Cum sollicitudo commodorum vestrorum continua nos teneat, ad vos transmittimus nobiles et dilectos nostros Gobertum de Merceio, Renardum de B...io et Radulphum de Alimonte quibus cum venerint loquturis vobiscum negociis ...s satisfacere ut condecet vobis bonum et commodum erit cum nullum mutuum de interesse largius de restitucione vero certius vobis fuerit occurrendum ad garrantizandum de cetero predictorum dominorum convencionem si volueritis parati sumus de solucione autem ducentarum marcharum argenti de quibus vobis ad instans Pascha tenemur. Instanter vos rogamus ut nobis novum respectum usque ad proximum festum Omnium Sanctorum dare. velitis, cum nobis, ut bene scitis, nullum adhuc auxilium ex ultramarinis partibus proventum sit. Quod vero de hac requisicione nostra per vos resolutum fuerit, nos per ipsius nuntii relacionem certiores reddere velitis ut citius innotescat quid nobis ulterius sit agendum [1]. »

En général, le chevalier croisé faisait un billet. Cette obligation, souscrite au bénéfice du prêteur et de la société qu'il représente, était habituellement signée par quatre témoins, deux du côté de l'emprunteur, qui sont deux chevaliers de son pays ou de sa connaissance, deux du côté du banquier, italiens comme lui. Le prêt est à un an de date ; le terme du remboursement est fixé d'ordinaire à Pâques, à l'Assomption ou à la Toussaint. Quel était le taux de l'intérêt ? Je l'ignore : il se dissimule ; sans doute il s'ajoutait à la masse du capital, et il se confondait avec lui dans le chiffre de l'obligation. Comme on poursuivait l'usure, elle se dérobait aux poursuites. Le prêteur imposait cette complicité à l'emprunteur. Les endosseurs du billet répondaient de la somme, eux et leurs biens. Parfois, un certain nombre de chevaliers se

---

[1] Ms. n° 17,803, p. 114 ; pièce endommagée, rongée des vers.

réunissaient pour emprunter. Chacun signait à part une reconnaissance et contractait un engagement solidaire. Tous pour un, un pour tous.

« Notum sit omnibus presentes litteras inspecturis, quod nos Guelteneus de Brucco, Alanus de Ponte Briencii, Juhellus de Tramigo et Radulphus de Angulo, milites, mutuo recepimus a Bertono de Boscoro et ejus sociis, Pisanis civibus, centum et quinquaginta marcas argenti in festivitate omnium Sanctorum proximo ventura reddendas, promittentes bona fide, prestito juramento super missale, quod omnia dampna quæ occasione defectus solutionis dicte peccunie prefatus Bertonus sustineret, eidem restitueremus integre. Actum apud Joppen in crastino festi beati Andree apostoli, anno Domini M° C° XCI° [1]. »

Si l'un des signataires disparaît, le banquier a recours sur les garants qui restent. Un chevalier, Rufin de Varagne, meurt sur les bords du Nil, au service du roi, avant le jour où s'est faite la paye de l'armée : il doit soixante livres tournois ; la fête de Pasques, époque à laquelle est fixé le remboursement de la somme, est passée. Le créancier s'adresse alors à Ar. de Noerio qui a répondu pour lui ; il lui rappelle ses engagements personnels et le prie de ne pas laisser en souffrance la signature de Rufin de Varagne.

« Nobili viro ac domino Ar. de Noerio militi in ...... salutem et devotum in omnibus famulatum. Cum bone memorie Rufus de Varagna, sicut audiveritis, mortuus fuerit in servicio domini regis juxta fluvium Nyli ante pagam que fiebat militibus dicti domini regis, propter quod habere non potuerit que sibi de suis stipendiis debebantur et ideo sexaginta libras turonenses quas nobis festo

[1] Ms. n° 17,803, f° 10.

Pasche nuper preterito redditurus erat, solvere non potuerit, ad vos, tanquam ad responsorem et debitorem per fidem vestram corporaliter prestitam constitutum, duximus per presentes litteras recurrendum, ut nobis, quam cicius, dictas LX libras persolvatis, loco dicti bone memorie, ita quod honorem vestrum et tam probi viri sicut defuncti animam perjurii reprehensionem nullo modo incurrere contingat [1]. »

Ce n'était pas encore assez de ces mesures. Pour plus de sécurité envers un débiteur dont le gage était difficilement saisissable, le banquier exigeait le plus souvent du chevalier la garantie de son suzerain. Elle était toujours donnée et, en cas de non payement, le chevalier abandonnait ses biens. La terre répond toujours de la dette.

« Universis presentes litteras inspecturis.

Notum sit quod nos Robertus de Esnevalle, Colardus de Sancta Maria et Fulco de Orglandiis, milites, mutuo recepimus a Luchino Corsali, Jacobo Aspirani et eorum sociis, januensibus mercatoribus, centum libras turonenses ad solutionem quarum in festo omnium Sanctorum ex proximo instante in annum faciendam nobilissimus dominus Matheus, constabularius Francie, mediante certo procuratore suo, per ipsum super hoc constituto, erga prefatos mercatores se obligavit si nos a dicta solucione deficere contingeret. Nos vero terram nostram in manu dicti domini constabularii ponimus tali modo, quod si a solutione predicte pecunie, ad prefixum terminum deficeremus, idem dominus constabularius predicta nostra terra fruatur usque ad perfectam debiti nostri restitutionem [2]. »

L'acte est du mois de septembre de l'année 1219.

[1] Ms. n° 17,803, f° 87.
[2] Ms. n° 17,803, f° 13.

Je dois à l'obligeance de M. Douët-d'Arcq la communication d'un titre appartenant aux Archives nationales (Trésor des chartes, carton J. 441, pièce nº 5), et que je transcris ici, en raison de son importance.

Universis presentes litteras inspecturis, Johannes de Bellomonte, camerarius Francie, salutem in Domino. Notum sit omnibus quod cum dominus rex a Rosso Confilii, pro se et Scoto Dominici, Bonencontre Guiton, Guicarini, Coencura Furnarii, Martino Guillelmi, Bona gratia Ardemen et Bonacontre Escot, sociis suis mercatoribus senensibus, michi fecit haberi mutuo mille et quingentas libras turonenses, quod ipsis mercatoribus reddere tenetur pro me idem dominus rex, ad Pascham proximo venturam. Ego de debito illo in partibus Francie reddendo eidem ad instantem Purificationem beate Marie ante dictam Pascham, totam terram meam et omnia bona mea mobilia et immobilia specialiter obligavi, volens et concedens quod ego, et heredes mei, si opus fuerit, compellentur per captionem et detentionem terre mee et omnium bonorum meorum predictorum ad dictum debitum in dicto termino Purificationis, plenarie persolvendum. In cujus rei testimonium sigillum meum duxi presentibus apponendum. Actum in castris juxta Cesaream, anno Domini Mº CCº quinquagesimo primo, mense Junio.

Comme presque toutes les lettres de garantie réunies dans ce recueil se rapportent à la croisade de saint Louis, la plus grande partie de ces actes portent le sceau du comte d'Artois, du duc d'Anjou, du comte de la Marche, du comte de Poitiers et du roi. Je multiplierais inutilement les citations. Les noms varient, les formules restent toujours les mêmes. Résumons : le prêteur a la signature du chevalier, avec caution du suzerain, qui est couvert par la terre qu'on lui abandonne, comme gage hypothécaire.

Malgré tant de précautions la créance courait encore les plus grands dangers : une lettre du roi saint Louis, datée de Césarée, et adressée aux prudhommes et à la communauté des Génois dans les pays d'outre-mer, est bien curieuse à ce sujet. Une galère du roi s'est emparée d'un pirate et a saisi sur ce vaisseau cent vingt obligations signées par des chevaliers aux marchands Génois. Le roi rend les lettres à qui de droit. Mais d'après l'avis de son conseil, sur ces cent vingt billets, il en retient cinquante-cinq qui déjà ont été payés. Le roi a recueilli sur ce fait le témoignage et la parole des intéressés ; saint Louis avertit les marchands qu'ils auraient évité cette contestation s'ils s'étaient conformés à la règle, en enlevant des obligations acquittées le sceau de l'emprunteur, et il les rappelle à ces conventions qui, négligées, peuvent porter le plus grand préjudice aux intérêts des contractants.

« Ludovicus, Dei gratia Francorum Rex, prudentibus viris consilio et Communitati Civium Januensium citra mare existencium salutem et dilectionem sinceram. Vobis notificare volumus quod cum centum et viginti paria litterarum aliquibus de dicta communitate vestra civibus per nos ipsos pro tribus paribus et per quosdam milites, armigeros aliosque crucesignatos pro residuis obligatarum in quodam pyratico vase per galeas nostras nuper capto reperta fuerint, nobisque per dilectum et fidelem nostrum magistrum balistariorum tradita ad vos ipsa destinamus restituenda. Nos vero prudentum virorum consilio de dictis centum et viginti litterarum paribus quinquaginta quinque retinuimus, sicut vana, cum super ipsis secundum quorumdam fide dignorum relationem et omni necessaria probatione diligenter coram nobis facta apparuerit jam predictis civibus fuisse plene et integre satisfactum, quod melius et ex eorumdem civium parte justius probatum de facto fuisset per debitam cancellationem sigillorumve

sublationem, prout in talibus decet et expresse conventum extitit. Vobis igitur mandamus quatinus circa hoc tantam curam apponatis et cum ex tali indebita negligentia, prout per hunc proximum casum intellexeritis, multa prejudicia suboriri possint taliter super predictis vos in futurum habeatis quod vestram observanciam possimus merito commendare ac vobis exinde debeamus scire grates. Datum in castris juxta Cesar. Palest. anno Domini M° CC° L° primo, mense Augusto [1]. »

Nécessairement le roi et les chefs d'armée qui tenaient à leur solde un grand nombre de chevaliers avaient des comptes ouverts très considérables dans les maisons de banque de Gênes, de Pise ou de Sienne, établies sur les places principales de Chypre, d'Egypte et de Syrie. Les mêmes noms de prêteurs italiens reviennent sans cesse dans ces obligations. Ce sont les Conti de Pise, Rosso Consilii de Sienne, Catano, Dominici, Amadei, Tarigo, Lazare Devinelli et son associé Luchino de Suzaro, Antoine Coxola, Agabito de Gazolo, Simon de Saulo, Odo Pancia, Lanfranc de Lizorio, Guillaume Boccanegra, Manfred de Coronato, tous marchands de Gênes. En voyant se répéter sans cesse ces noms dans ces actes, il est impossible de ne pas conclure que les chefs de la croisade avaient leurs banquiers attitrés. A Damiette, le génois Bonfils de Porfan, *faisait*, c'est le terme, pour le comte d'Anjou ; à Saint-Jean-d'Acre, Guillaume Boccanegra, pour le comte de Poitiers, lequel avait aussi pour banquiers à Damiette Nicolaï et Pancia. J'en passe, et de ceux de Jaffa, de Césarée et de Tripoli. Ces marchands italiens, vénitiens, pisans, génois, ces maîtres de la mer se sont emparés de tous les points de l'Orient ;

---

[1] Ms. n° 17,803, f° 115. Pièce originale avec le sceau royal en cire blanche et le contre-sceau à la fleur de lys.

ils y font des profits immenses, ils trafiquent de tout, de la victoire et de la défaite et lorsque les royaumes chevaleresques sortent épuisés des guerres d'outre-mer, l'Italie se lève alors pleine de force et de puissance, enrichie par l'argent des croisades.

Les Italiens avaient été, au xiie siècle, les banquiers de Philippe-Auguste et des rois d'Angleterre. Au siècle suivant, ils avaient plus que jamais le maniement des capitaux des guerres saintes et leurs caisses faisaient des avances aux armées des comtes et du roi. Si un chevalier se présentait avec des lettres scellées de son suzerain, le banquier de Gênes ou de Pise payait sur son reçu ; il soldait aussi les gages en retard et faisait droit aux réclamations légitimes des Croisés.

« Gie, Johans de Bouchet, chevaliers, fais à savoir a touz ceus qui ces présentes letres verront, que gie ai receu de Bonfiz de Porfan, marchaant de Gienes, faisant por mon Seignor li cuens d'Anjou, IV cenz livres de tournois por sis mois dou servise nostre seignor que gie ai fait en ceste sainte terre, moi tierz de chevaliers, einsi com mon diz seignor li cuens feist marchie o moi des quiex deniers gie me sui tenuz por contens et paiès et les ai quictez à mon dit seignor et au dit Bonfiz en tant com mester en seroit et ausi les lor ont quictez mes deux bachelers, c'est à savoir Johans Dou Parq et Guillaume Portebeize, chascun por suen fait. Et au dit Bonfiz gie en ai donné cestes présentes lettres séélées de mon seau. Ce fu fait devant Damette en l'an nostre Seignor mil CC et quarante et nuef, le jor de la feste saint Remi[1]. »

Pour répondre aux dépenses considérables occasionnées par la solde et le ravitaillement d'une nombreuse armée, le roi saint Louis avait ses banquiers à Chypre, à

---

[1] Ms. n° 17,803, f° 47.

Damiette et en Palestine. Autorisées par le roi, ces maisons payaient sur reçu à qui de droit :

« Excellentissimo domino suo Ludovico, Dei gratia Francorum regi, Guillelmus de Salione et Hugo de Burdigala, milites, salutem et paratum in omnibus servicium. Excellencie vestre significamus quod cum nobis dedissetis in mandamentum per patentes vestras litteras ut nos garnisioni militum, armigerorum et servientium ad sumptus vestros in castro peregrino commorantium, sua gagia usque ad octabam beati Dyonisii proximo preteriti pagari faceremus et ad pagam ipsorum faciendam, peccuniam non haberemus, nos ab Opecino Marihono, Januensi cive, latore presentium, quingentas et viginti libras turonenses mutuo recepimus, quarum solucionem per excellentiam vestram dicto civi indilate ordinandam promisimus et in testimonium recepte pecunie presentes litteras sigillis nostris sigillavimus [1]. »

L'acte est de 1251.

A Césarée, la Compagnie Jean Simonis et Gaspard Cocerel répondait pour les intérêts du roi ; à Saint-Jean-d'Acre et à Damiette, le roi avait pour banquiers le génois Larcario et cette puissante société de marchands avec laquelle saint Louis avait traité pour le transport de ses troupes en Orient, qui lui avaient fourni de nombreux vaisseaux et dont les caisses facilitaient les mouvements d'argent nécessaires à l'armée royale [2].

Lorsque Louis IX quitta la Terre-Sainte, il laissa une centaine de chevaliers sous le commandement de Geoffroy de Sargines. Les sommes remises au départ entre les mains du chevalier s'épuisèrent bien vite. Geoffroy fit appel au roi de France qui l'autorisa à emprunter en

[1] Ms. n° 17,803, f° 54.
[2] A. Jal, *Mémoires sur quelques documents génois,* p. 18, note 1. (Extrait des *Annales maritimes et coloniales,* mai 1842.)

son nom quatre mille livres tournois. Quelque temps après, il fallut que saint Louis lui ouvrît un nouveau crédit; cette fois on s'adressa à une société de banquiers de Sienne dont les opérations se faisaient en Italie, en France et en Palestine. Elle avait pour chef Roland Bonseigneur, qui était aussi banquier du Pape et que Clément IV tenait en grande estime. Les chevaliers du Temple chargés de négocier le premier emprunt, s'étaient adressés avec succès aux marchands de Plaisance[1].

C'étaient de grands manieurs d'argent que ces chevaliers du Temple. Ils furent avec les Hospitaliers les caissiers des Croisades. Le roi d'Angleterre leur avait confié les sommes les plus considérables. C'est ce que nous apprend Jacques de Vitry :

« Sane hoc inter cœtera nullatenus silendum censemus quod rex Anglorum Henricus pecuniam multam apud Templarios et Hospitalarios dudum congesserat : qua, et Tyrus defensa, et cætera negotia regni utiliter expedita. Hanc autem pecuniam Rex magnificus, pia et necessaria provisione, in Terræ subsidium, per multos annorum circulos, Jerosolymam transmiserat : cujus summa, ut dicitur, in triginta millia marcarum excrevit[2]. »

En ces temps de luttes perpétuelles où les caisses de l'armée pouvaient facilement tomber aux mains de l'ennemi, les Templiers se chargeaient des dépôts et en répondaient aux dépositaires. On se souvient du passage de Joinville à propos de la rançon de saint Louis. Les ressources du roi étaient épuisées et il lui manquait en-

---

[1] V. *Bibliothèque de l'Ecole des Chartes,* IVᵉ série, IVᵉ vol. *Emprunts de saint Louis en Palestine et en Afrique,* par M. G. Servois.
[2] Bongars, *Gesta Dei per Francos,* p. 1155.

core trente mille livres pour compléter la somme exi-
gée. Joinville conseilla à saint Louis de les demander
au commandeur et au maréchal du Temple. « Le roi les
» envoya quérir et le roi me dit que je le leur disse.
» Quand je le leur eus dit, frère Etienne d'Otricourt, qui
» était commandeur du Temple, me dit ainsi : « Sire de
» Joinville, ce conseil que vous donnez n'est ni bon,
» ni raisonnable; car vous savez que nous recevons les
» dépôts en telle manière, que par nos serments, nous ne
» les pouvons délivrer excepté à ceux qui nous les bail-
» lent. » Il y eut assez de dures paroles et d'injurieuses
» entre moi et lui. Et alors frère Renaud de Vichiers,
» qui était maréchal du Temple, prit la parole et dit
» ainsi : « Sire, laissez aller la dispute du seigneur de
» Joinville et de notre commandeur; car, ainsi que
» notre commandeur le dit, nous ne pourrions rien
» bailler que nous ne fussions parjures. Et quant à ce
» que le sénéchal vous conseille que, si nous ne vou-
» lons vous en prêter vous en preniez, il ne dit pas là
» une bien grande merveille, et vous en ferez à votre
» volonté; et si vous prenez du nôtre, nous en avons
» bien assez du vôtre en Acre pour que vous nous dé-
» dommagiez bien. » Je dis au roi que j'irais, s'il le
» voulait; et il me le commanda. Je m'en allai vers une
» des galères du Temple, la maîtresse galère; et quand
» je voulus descendre dans la sentine de la galère, là
» où le trésor était, je demandai au commandeur du
» Temple qu'il vînt voir ce que je prendrais; et il ne
» daigna pas venir. Le maréchal dit qu'il viendrait voir
» la violence que je lui ferais. Sitôt que je fus descendu
» là où le trésor était, je demandai au trésorier du Tem-
» ple, qui était là, qu'il me baillât les clefs d'une huche

» qui était devant moi ; et lui, qui me vit maigre et dé-
» charné de la maladie, et avec l'habit que j'avais en
» prison, dit qu'il ne m'en baillerait pas. Et j'aperçus
» une coignée qui était là à terre ; et alors je la pris et
» dis que j'en ferais la clef du roi. Quand le maréchal vit
» cela, alors il me prit par le poing et me dit : « Sire,
» nous voyons bien que c'est violence que vous nous
» faites, et nous vous ferons bailler les clefs. » Alors il
» commanda au trésorier qu'on me les baillât ; et quand
» le maréchal eut dit au trésorier qui j'étais, il en fut
» tout ébahi. Je trouvai que cette huche que j'ouvris
» était à Nicolas de Choisi, un sergent du roi. Je jetai
» dehors ce que j'y trouvai d'argent, et allai m'asseoir
» à la proue de notre vaisseau, qui m'avait amené. Et
» je pris le maréchal de France et le laissai avec l'ar-
» gent ; et sur la galère je mis le ministre de la Tri-
» nité. Le maréchal tendait l'argent au ministre sur la
» galère, et le ministre me le baillait sur le vaisseau là
» où j'étais. Quand nous vînmes sur la galère du roi,
» je commençai à crier au roi : « Sire, sire, regardez
» comme je suis garni [1]. »

Les Templiers ne se contentaient pas de ce rôle de
consignataires : leur maison faisait aussi la banque
ainsi que nous le voyons par une charte des Archives nationales, dans laquelle Blanche de Bourbon reconnaît
avoir reçu des Templiers, à l'instance du roi saint Louis,
une somme de 3,750 livres tournois. (A. 1249.) Mais en
général les chevaliers du Temple se bornaient au rôle
de caissiers : il arrivait parfois qu'ils niaient le dépôt. A
Saint-Jean-d'Acre , Joinville leur confia quatre cents

---

[1] Joinville, p. 253.

livres. Quand le sénéchal envoya chercher quarante livres pour ses dépenses, le commandeur lui répondit qu'il n'avait pas d'argent à lui et qu'il ne le connaissait pas. Joinville porta alors ses plaintes au maître du Temple qui s'émut fort et le pria de se désister de cette demande. « Sinon, je ne vous aimerai plus, lui dit-il,
» car vous voulez faire entendre que nos frères sont des
» larrons. » Et je lui dis que je me désisterais pas, s'il
» plaisait à Dieu. Je fus quatre jours en ce malaise de
» cœur, comme celui qui n'avait plus du tout de deniers
» à dépenser. Après ces quatre jours, le maître vint à
» moi tout riant, et me dit qu'il avait retrouvé mes de-
» niers. Pour la manière dont ils furent trouvés, ce fut
» parce qu'il avait changé le commandeur du palais et
» l'avait envoyé à un bourg qu'on appelle Séphouri; et
» celui-là me rendit mes deniers[1]. »

Pour bien comprendre la nécessité des établissements de banque pendant les Croisades, il faut se rendre compte à son début d'une de ces guerres saintes et la suivre dans sa marche. L'excellent livre de M. Riant nous facilite singulièrement ce travail et nous n'avons plus qu'à résumer quelques pages de l'*Expédition des Scandinaves en Terre-Sainte*. Le clergé impose lui-même ses revenus en faveur des Saints-Lieux; les subsides sont votés et la perception s'organise d'une façon régulière sur les biens ecclésiastiques. Des collecteurs sont choisis; ils parcourent le pays et lèvent dans chaque paroisse les dîmes et les vingtièmes; l'argent est rapporté au siége épiscopal, et l'évêque donne quittance au collecteur. Après deux ou trois années, les sommes

[1] Joinville, p. 275.

centralisées s'élèvent à un chiffre important. Les légats arrivent de Rome, munis de leurs pouvoirs. Ils vérifient les comptes; ils donnent main-levée aux évêques des sommes perçues et ils prennent en charge le produit des subsides. Venu de partout l'impôt est en majeure partie soldé en monnaie de cuivre qu'il faut changer contre de l'argent : cela fait, le produit des collectes est expédié à des maisons de banque italiennes, ou pour plus de sûreté encore, les banquiers font toucher ou vont toucher les sommes dans les contrées où elles ont été recueillies. L'argent est aux mains du Pape : le Souverain-Pontife l'expédie dès-lors aux pays d'outre-mer, soit par la voie des chevaliers du Temple ou de l'Hôpital, soit par le moyen des maisons de banque : on le distribue aux Croisés; il subvient aux besoins du roi de Jérusalem ou de Chypre, à ceux des Templiers et des Hospitaliers. Il paie en grande partie l'armement des vaisseaux de transport et la solde des troupes auxiliaires. Le plus souvent les subsides du clergé sont déposés entre les mains des chefs de la Croisade.

Quand saint Louis, de séjour à Saint-Jean-d'Acre, mit en délibération son retour en France, Gui Mauvoisin fut chargé, au nom des frères du roi, des barons et du comte de Flandres, de dire au roi quel était l'avis du conseil. Gui Mauvoisin opina pour le départ; le roi interrogea ses frères, le comte de Jaffa et le légat du Pape, qui tous furent du même avis. Joinville parla le quatorzième; son sentiment fut absolument contraire à celui des préopinants. « Le légat me dit tout fâché : « Comment pourrait-il se faire que le roi pût tenir la » campagne avec aussi peu de troupes qu'il en a ? » Et » je lui répondis aussi d'un air fâché, parce qu'il me

» semblait qu'il me le disait pour me piquer : « Sire, je
» vous le dirai, puisqu'il vous plaît. On dit, Sire, je ne
» sais si c'est vrai, que le roi n'a encore rien dépensé
» de ses deniers, mais seulement des deniers du clergé.
» Donc, que le roi dépense ses deniers, et que le roi
» envoie quérir des chevaliers en Morée et outre-mer ; et
» quand on entendra dire que le roi donne bien et lar-
» gement, les chevaliers lui viendront de toutes parts,
» et par là il pourra tenir la campagne pendant un an,
» s'il plaît à Dieu [1]. »

On sait comment saint Louis se détermina, contre
l'opinion de tout son conseil, à rester en Palestine et
comment il remercia Joinville d'un avis si librement
donné.

Les deniers du clergé, pour me servir de l'expression
de Joinville, supportaient donc une grande partie des
dépenses des Croisades : nous pouvons nous rendre
compte par quelques lettres du Pape Honoré III [2] de
l'importance des sommes recueillies par le Saint-Siége
dans toute la chrétienté et envoyées par ses soins, en
Terre-Sainte. Ce sont, en général, les Templiers, les Hospitaliers et les ordres militaires qui sont chargés du
transport du numéraire provenant des dixièmes et des
aumônes.

J'emprunte à la *Patrologie* de Migne (tome CCXVI,
col. 37 et 38), cette lettre du Pape Innocent III, adressée
au patriarche de Jérusalem et au grand-maître de l'ordre
du Temple, l'an 12 de son pontificat (1209) :

« Ecce mittimus vobis per dilectum filium Joannem de Sam-

---

[1] Joinville, p. 283.
[2] Michaud, *Histoire des Croisades*, tome III, p. 642.

buco fratrem Hospitalis Jerosolymitani, hospitalis sancti Basilii bis mille ac ducentos et sex obolos et dimidium inter novos, veteres, atque duplices, novem Skifatos, septem marabutinos, et præterea in Skifatis et auro fracto ad pondus Romanum uncias octoginta ; quæ videlicet omnia summam octingentorum quinquaginta librarum Proveniensium senatus attingunt, discretioni vestræ per apostolica scripta mandantes quatenus ea in necessitatibus Terræ Sanctæ, prout melius expedire videritis, expendatis, habentes prædictum fratrem in Domino commendatum, et eum ad domium suam, cui satis esse noscitur necessarius, quantocius potueritis remittentes. Tantumdem etiam assignari fecimus magistro et fratribus Aventini, qui per nuntium suum debent illud vobis similiter destinare. Misimus quoque vobis anno præterito per Templarios summam auri mille librarum Proveniensis monetæ valentem, de quâ nullum adhuc habuimus responsum a vobis. Disponimus, etiam mittere vobis per Hospitalarios et Templarios mille quadringentas marcas argenti, cum consilio vestro et nobilis viri Joannis Brenen comitis, cum ad vos, Deo duce, pervenerit, expendendas. Sed et electo Antiocheno proposuimus pro necessitatibus suis pecuniam mutuare, quam ipse demum reddet pro necessitatibus Terræ Sanctæ.

Datum Laterani anno duodecimo. »

Le trésor du Pape, un trésor de guerre, ne s'épargne pas : fourni de toutes parts dans le monde chrétien, le numéraire s'unifie pour ainsi dire, pour faciliter les transports. Il se convertit en onces d'or, en marcs d'argent, en lingots; c'est le moyen pratique, celui qu'emploient aussi les rois et les comtes. La conversion des espèces se fait dans le royaume : l'expédition des sommes s'opère en valeurs métalliques. Lorsque en 1250, Guillaume de Montléart, envoya au passage de mai, de l'argent au comte de Poitiers, son maître, le comte reçut 71 marcs d'or en *anfours*, en *oboles*, en *augustes* et en *perpres*, achetées 1684 livres 12 sols 6 deniers tournois et, en outre, 1850 marcs sterlings, dont la plus grande partie avait été changée en lingots [1]. Une fois arrivées à destination, ces valeurs, espèces ou lingots, se convertissaient en monnaies en usage dans les pays d'outre-mer. M. de Vogüé a cité un curieux passage de l'historien Raymond d'Agiles [2] : « Lorsque » la grande armée en marche vers Jérusalem, passa de- » vant Tripoli, le 13 mai 1099, l'émir de cette ville acheta » la neutralité au prix de présents magnifiques, parmi » lesquels se trouvaient 15,000 pièces d'or sarrasines. » Le chroniqueur ajoute que chaque pièce d'or valait » 8 ou 9 sous de la monnaie des chrétiens et que les » pièces en usage dans l'armée étaient les monnaies du » Poitou, de Chartres, du Mans, de Lucques et de Mel- » gueil. » Mais nous sommes au début des guerres saintes, la Croisade fait ses premiers pas, elle est con- centrée jusque-là entré gens des mêmes contrées aux- quels suffit l'argent familier du pays natal. Quand son action se développe, quand elle appelle à elle tous les peuples de l'Occident, quand elle les confond sur la terre qu'elle a envahie, quand elle mêle les vainqueurs aux vaincus, le numéraire particulier et à circulation restreinte ne lui suffit plus. Les grandes transactions ont commencé, les traités se sont ouverts ; il faut donc qu'une monnaie se crée, une monnaie locale, indé- pendante, répondant aux besoins généraux ; non la monnaie des Croisés, mais la monnaie des Croisades. Quel fut ce numéraire imposé par la nécessité, accepté à la fois par les chrétiens et par les musulmans ? Je touche ici au point le plus important de ce mémoire.

[1] *Revue numismatique,* 1847, p. 120.
[2] *Revue numismatique,* 1865, p. 303.

II

Un biographe arabe, Ibn Khallicân, dit : « Durant les
» trois années qui suivirent la conquête de Tyr, les
» Francs continuèrent à battre monnaie au nom de
» El-Amer ; mais au bout de ce temps, ils cessèrent de
» le faire[1]. »

ولما ملكوا صور ضربوا السكة باسم الامر المذكور مدة ثلاث سنين ثم قطعوا ذلك

Les historiens arabes citent souvent les dinars de Sour
(Tyr) الدنانير الصورية. Il est inutile, je pense, de relever ici
tous les textes dans lesquels cette monnaie est mention-
née. Ibn El-Athîr raconte que Raymond, de Tripoli, se
racheta moyennant cent cinquante mille dinars *soury* :
« Le comte Raymond, descendant de Sandjyl (Saint-
» Gilles), prince de Tripoli, avait été fait prisonnier par
» Nour-ed-Dîn, près de Harem, dans l'année 559 (1164).
» Il était resté captif jusqu'à la présente année où Saad-
» ed-Dîn le relâcha moyennant cent cinquante mille dî-
» nars, monnaie de Tyr, et mille prisonniers (musul-
» mans)[2]. »

---

[1] *Ibn Khallicân*, édition du Caire, tome II, p. 189.
[2] *Recueil des Historiens des Croisades* : Historiens orientaux, tome 1er, p. 619.

— 30 —

Ibn El-Athîr nous a appris quelques pages plus haut
que Nour-ed-Dîn, en mourant, avait constitué un legs
pieux dont le produit s'élevait chaque mois à neuf mille
dinars de la même monnaie : « Il construisit de nom-
» breux colléges pour les hanéfites et pour les schaféïtes,
» ainsi que la grande mosquée dite Nourienne, à Mos-
» soul, des hôpitaux, des caravansérails sur les routes
» et des monastères pour les soufis dans tous ses Etats.
» Il fit à tous ces établissements des donations considé-
» rables, et j'ai entendu dire que le produit de ces legs
» pieux s'élevait par mois à neuf mille dinars, monnaie
» de Sour (Tyr) [1]. »

Makrîzi et Nowaïri, cités par M. Quatremère dans une
note de l'*Histoire des Mamlouks* [2], nous parlent aussi
des dinars de Sour. Abou'l-Fidâ et Abou'l-Pharadj re-
prenant l'un et l'autre la version de Beha-ed-Dîn, au
sujet de la mort de Salâh-ed-Dîn, s'expriment ainsi. Le
premier :

ولم يخلف السلطان صلاح الدين فى خزانته غير سبعة وأربعين درهما وجرم
واحد صورى [3]

Le second est plus bref :

لم يخلف فى خزانته غير دينار واحد صورى [4]

Le célèbre orientaliste M. de Slane a donné la traduction suivante du passage d'Ibn-Khallicân qui a trait à ce

[1] *Recueil des Historiens des Croisades :* Historiens orientaux, tome Ier, p. 606.
[2] *Histoire des Sultans mamlouks,* tome 1er, 2e partie, p. 42.
[3] *Abulfedæ annales Muslemici,* tome IV, p. 138.
[4] *Historia orientalis, authore Gregorio Abul-Pharagio,* p. 421, édition Pococke,
MDCLXXII.

— 31 —

fait reproduit, après le biographe arabe, par Abou'l-Pharadj et répété en dernier lieu par Abou'l-Fidâ : « Ibn
» Shaddâd says in the first part of his historical work ;
« He (*Salâh ad Dîn*) left, on dying, neither gold nor
» silver in his treasury, with the exception of forty-
» seven Nasirian dirhems and one gold piece coined at
» Tyre[1]. »

Voici le texte de Beha-ed-Dîn, l'historien du sultan
Salâh-ed-Dîn :

وذلك انه ما ملك ومات ولم يوجد فى خزانته الا سبعة واربعين
درها ناصرية ومن الذهب الا جرم واحد صورية (صوري) ما علمت وزنه[2]

Je donne la traduction de Schultens : « Nempe tan-
» tarum opum possessore demortuo, nihil repertum in
» ærario argenti, præter septem et quadraginta drach-
» mas nazariticas, nihil quoque auri, præter unum
» nummulum Tyrium, cujus pondus ignoro. »

Une variante du texte dont je dois la connaissance à
la bienveillance du savant M. de Slane, porte وجرما واحدا
ذهبا صوريا c'est-à-dire, « un seul djerm d'or de Sour ».

Les historiens que nous venons de citer mentionnent,
il est vrai, le dinar *Soury*, mais ils ne nous donnent pas
de renseignements au sujet de cette monnaie. Deux
textes d'une importance capitale dans la question com-
blent heureusement cette lacune.

Le pèlerin Ibn Djobeïr raconte qu'en allant à Tyr,
il arriva dans le district de Béla, de Beschara, au nord
de la Galilée : là il rencontra des Moghrabins soumis à

<hr>

[1] *Ibn Khallikan's Biographical Dictionary*, tome IV, p. 545.
[2] *Vitæ et Res gestæ sultani Saladini*, etc., *auctore Bohadino F. Sjedadi*, p. 12 ;
édition Schultens.

un impôt d'un kirat et d'un dinar de l'espèce des dinars soury, par tête. La cause de cette contribution levée sur eux par les Francs était celle-ci : Une troupe de ces Moghrabins en paix avec les chrétiens s'était alliée à Nour-ed-Din, et après avoir pris une forteresse sur les Francs, ils avaient prélevé le plus riche butin. Les chrétiens irrités, avaient châtié ces révoltés en leur infligeant cette contribution [1] :

والضريبة فيه دينار وقيراط من الدنانير الصورية على الرأس،

Les dinars *Soury* ont été frappés à Tyr, comme les dinars *Misry* مصرية à Misr[2] et les dinars *Dimeschky* à Damas. Beladsori dit, en parlant d'Abd-el-Melik[3], que ce khalife fit frapper des dinars à Damas : ضرب هو الدنانير الدمشقية.

C'est l'expression arabe ; la monnaie, qui porte souvent le nom du souverain qui la frappe, porte parfois aussi le nom de la ville où elle a été frappée.

Un savant auquel la numismatique arabe est redevable des meilleurs travaux, M. Stickel, a soulevé cette question : « Was sind الدنانير الصورية ? Que sont les dinars de Sour[4] ? » Les quelques lignes que j'ai citées d'Ibn Khallicân, ont échappé au savant professeur de l'Université d'Iéna. Je ne doute pas qu'averti par elles, M. Stickel n'eût abandonné des explications qui lui auraient paru insuffisantes. M. Stickel suppose que cette expression de dinar soury ne vient pas de ce que la

---

[1] *Ibn Djobaïr,* edited by Wright, p. 304.

[2] V. *Les Historiens des Croisades :* Historiens orientaux, tome II, p. 248, et *Abou'l Fedâ,* tome IV, p. 610.

[3] Al-Beladsori, *Liber Expugnationis Regionum,* p. 266, édition De Goeje.

[4] *Zeitschrif der Deutschen morgenländischen Gesellschaft,* tome VIII, p. 837.

monnaie a été frappée à Sour, c'est-à-dire à Tyr. Il
pense que les Arabes qui, aux premiers temps de la
conquête musulmane, s'étaient servi de la monnaie d'or
des Byzantins avant d'avoir adopté une monnaie nationale, ont fait plus tard usage dans la Syrie des monnaies grecques, concurremment avec les dinars frappés
dans leurs propres ateliers. Ces monnaies, on les nom-
mait soury, parce que c'était principalement à Sour
que les marchands arabes faisaient commerce avec les
Grecs. M. Stickel, abandonnant plus tard cette idée, a
accepté l'interprétation de M. Nesselmann [1].

D'après ce savant, le mot soury ne dériverait pas du
nom de la ville de Sour, mais du mot arabe صورة qui
veut dire figure. Le dinar de Sour est donc un dinar à
effigie. Pourtant un passage de Cazwini, cité par le savant M. Stickel, combat de lui-même ces hypothèses. Ce
géographe remarque à l'article Sour, que ces dinars
tirent leurs noms de cette ville et que les habitants
de la Syrie et de l'Irak s'en servaient pour régler leurs
comptes ou pour mieux dire, pour faciliter leurs transactions commerciales.

ينسب اليها (صور) الدنانير الصورية التى يتعامل عليها اهل الشام والعراق

Il est à remarquer que cette indication nous a été donnée par Cazwini, alors que Tyr, libre encore du joug
musulman, vivait de ses habitudes chrétiennes ; car le
géographe arabe est mort au mois de Moharrem de l'an
de l'hégyre 682, de J.-C. 1283, et Tyr ne succomba sous
les coups de Malik-El-Aschraf, que huit ans après, l'an

---

[1] Id., tome XII, p. 173.

690 de l'hégyre, c'est-à-dire dans l'année 1291 de l'ère chrétienne.

Le dire d'Ibn Khallicân, c'est-à-dire le fait de l'émission d'une monnaie arabe frappée par les chrétiens au type de la monnaie du khalife Fathimite El-Amer-Be-Ahkâm-Allah, nous est confirmé par les médailles.

Il existe dans les collections orientales une série de pièces d'or dans lesquelles on reconnaît des imitations des monnaies des Fathimites : exécutés avec une grande habileté, les coins du contrefacteur reproduisent fidèlement les dinars qui lui servent de modèle. Pourtant l'imitateur se trahit par quelque maladresse dans la légende, dans la lettre, dans le trait, et parfois par un oubli peut-être volontaire. Je rapproche ici deux monnaies : la première a servi de type à la seconde : c'est un dinar du khalife El-Amer-Be-Ahkâm-Allah frappé à Misr, l'an 514 de l'hégyre (1120 de J.-C.).

N° 1.   N° 2.

Légende marginale :

بسم الله الرحمن الرحيم ضرب هذا الدينر بمصر سنة اربع عشرة وخمسماية

Au nom du Dieu clément et miséricordieux, ce dinar a été frappé à Misr l'an 514.

2° Légende circulaire :

ابو على الامر باحكام الله امير المومنين

Abou Aly El Amer be-Ahkâm Allah emir El Moumenin.

Légende intérieure :

الامام المنصور

El Imâm el Mansour.

Au revers :
Légende marginale : le symbole religieux tiré des Sourates IX et LXI du Coran :

محمد رسول الله ارسله الخ

Mahomet est le prophète de Dieu qui l'a envoyé, etc.

2° Légende circulaire : le symbole chiite :

لا اله الا الله محمد رسول الله على ولى الله

Il n'y a de Dieu qu'Allah : Aly est l'ami d'Allah.

Légende intérieure :

عال غاية

(Monnaie) au titre le plus élevé.

Voilà le type primitif. Le n° 2 se rapproche tellement du dinar que je viens de décrire, il en est une reproduction si heureuse qu'on confondrait facilement le modèle et l'imitation ; pourtant, on suit la contrefaçon dans la singularité de quelques caractères, dans l'oubli de quelques lettres. La date a été omise et la première

légende marginale s'arrête à la date, après le mot ﺳﻨﺔ ﺳ :
« *Au nom du Dieu clément et miséricordieux, ce dinar
a été frappé à Misr, l'an..... »*

On trouve des dinars encore moins fidèles, auxquels
l'œil ne peut se méprendre à première vue : tel est celui
gravé sous le n° 3, pièce aux caractères épais et carrés

N° 3.　　　　　　　　　　　　　　　　N° 4.

dont la légende marginale s'arrête au mot مصر. Le n° 4 a
subi des altérations plus grandes encore. Le n° 5, avec
ses caractères barbares, ne conserve plus que la phy-
sionomie d'ensemble de la monnaie du khalife El-
Amer.

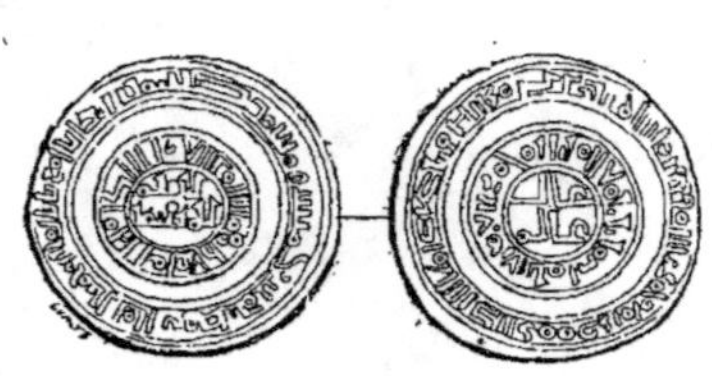

N° 5.

Une observation se présente : ce dinar est-il imité des
pièces de Misr ou des pièces de Sour ? Il est dificile de
se décider : les légendes sont les mêmes dans les monnaies de ces deux villes, elles ne varient que par le nom
de la localité : مصر ou صور, Misr ou Sour. Ces mots se
ressemblent ; la monnaie d'imitation a conservé le ر et

le ص, qu'elle a fortement accentué. Je suis porté à croire que le contrefacteur a pris pour type le dinar de Soûr, dont la zecca était entre les mains des chrétiens, mais je ne puis l'affirmer et je passe sur cette question de détail.

Mais le dinar d'El-Amer n'est pas le seul qui ait été imité : cette série des imitations des pièces fathimites est très-nombreuse. La Bibliothèque nationale en possède seize exemplaires. Mon ami M. H. Sauvaire, et mon ami M. Rogers, ont entre leurs mains une quarantaine de pièces de même famille qu'ils ont bien voulu me communiquer : il m'a donc été facile d'étudier ce monnayage et de le rechercher dans ses variétés. J'ai rencontré beaucoup de dinars imités des monnaies du khalife Fathimite El-Mostanser-Billah qui régna cinquante-neuf ans, qui mourut en 1094 et dont la monnaie était répandue dans toute la Palestine et la Syrie, lorsque les Croisés entrèrent pour la première fois en Terre-Sainte. Les documents latins nous apprendront bientôt que ce monnayage d'imitation précéda l'époque indiquée par Ibn-Khallicân et qu'il remonte aux premières années de la conquête. Qu'il nous suffise maintenant de rapprocher les monnaies les unes des autres et de constater le fait matériellement.

N° 6.

Le n° 6 nous donne un dinar d'El-Mostanser-Billah frappé à Tripoli l'an 439 (1047 de J.-C.).

Légende marginale :

بسم الله الرحمن الرحيم ضرب هذا الدينر بطرابلس سنة سبع وثلثين واربعماية

Au nom du Dieu clément et miséricordieux, ce dinar a été frappé
à Tharâboulos (Tripoli), l'an 439.

Légende intérieure en cinq lignes :

معد	Moadd
عبد الله ووليه	Le serviteur de Dieu et son protégé
الامام ابو تميم	l'Imam Abou-Tamim
المستنصر بالله	El-Mostanser-Billah
امير المومنين	Emir El-Moumenin.

Légende circulaire, comme au n° 1.
Légende intérieure en cinq lignes :

علي	Aly
لا اله الا الله	Il n'y a de Dieu qu'Allah
وحده لا شريك له	le seul, il n'a pas d'associé.
محمد رسول الله	Mahomet est l'envoyé de Dieu.
ولى الله	est l'ami de Dieu.

Si l'on rapproche de ce dinar la pièce reproduite au
n° 7, on reconnaîtra la même disposition dans les lé-

N° 7.

gendes, les mêmes éléments dans les lettres; quelques
mots encore peuvent se lire, le reste est indéchiffrable.

Le mot طرابلس est très-net et je crois lire distinctement dans la légende circulaire du droit :

‌.....الرحمن الرحيم ضرب هذا الدينر بطرابلس

(Au nom de Dieu) clément et miséricordieux, ce dinar a été frappé à Tharâboulos.

Le reste m'échappe.

L'imitation est plus maladroite encore dans la mon-

N° 8.

naie qui porte le n° 8. Pourtant on retrouve au droit les éléments du mot محمد et au revers ceux du mot على.

Il est des pièces d'une fabrique plus grossière encore. Les deux lettres B et T se lisent, l'une dans le champ du droit, l'autre dans le champ du revers. Le n° 9 ne

N° 9.

diffère de ces monnaies que par la présence d'une croisette, dans le champ. On ne peut mettre en doute que les monnaies frappées à l'imitation du dinar d'El-

Mostanser-Billah n'aient été les premières contrefaçons des espèces arabes. Le contrefacteur est à ses premiers essais, essais maladroits comme on a pu le voir. Le dinar qui suit, c'est-à-dire le dinar fait sur celui d'El-Amer, d'une grande supériorité de fabrique, indique déjà une habitude et une habileté. Les pièces très-nombreuses qui portent les lettres B et T et celles qui sont marquées à la croisette ont donc été émises, suivant moi, dans les premières années de la conquête. Ces deux lettres, B et T, sont-elles les initiales du nom de Tancrède, régent en l'an 1104 de la principauté d'Antioche pendant la captivité de Marc Bohémond et pendant la minorité de son neveu Bohémond? Nous indiquent-elles les noms de Bertrand et celui de la ville de Tripoli, dont Bertrand fut comte de l'an 1109 à l'an 1112? Je ne saurais me prononcer sur cette question. Les éléments sont trop vagues et, partant, les hypothèses trop dangereuses. Je ne veux demander à ces monnaies que la constatation de ce fait de l'émission de monnaies au type arabe frappées par les chrétiens.

Ce fait paraît singulier au premier abord, mais il trouve son explication naturelle.

Qu'on se reporte aux croisades : qu'on se rappelle ces prodigieux mouvements humains qui jetèrent pendant près de deux siècles tant de populations de l'occident sur la terre d'Asie! Français, Anglais, Allemands, Italiens se succédèrent dans ces expéditions ou se relevèrent tour à tour dans les pays occupés, sans qu'une occupation définitive imposât à la terre envahie les habitudes et les mœurs des conquérants. La Syrie, la Palestine, tombent au pouvoir des Croisés ; mais ce n'est là qu'une possession viagère, une conquête de surface. Etait-ce un pays conquis que celui qui coûtait à garder plus d'efforts et de sacrifices qu'il n'en avait coûté à prendre ? Etait-ce une conquête assurée que celle qu'il fallait défendre le lendemain de la victoire contre un ennemi vaincu la veille ? Jérusalem a son royaume, Tripoli, Antioche, Edesse leurs principautés : ce sont là des possessions mouvantes pour ainsi dire, arrachées tantôt aux Sarrasins par les Croisés, tantôt aux Croisés par les Sarrasins. Les armées du Christ, maîtresses des postes militaires, ne se sont que momentanément emparées du pays : la fortune de la guerre remet sans cesse tout en question. Les communications entre les chrétiens étaient le plus souvent coupées, et les places fortes des Arabes séparaient les unes des autres les places isolées des Francs. Des bandes d'Egyptiens et de Turcs parcouraient les campagnes et tenaient les vainqueurs assiégés dans leur propre conquête. Le vaincu réservait toujours ses droits sur la terre occupée par l'étranger : il fallait de toute nécessité compter avec lui, dans les temps les moins troublés de la conquête. Guillaume de Tyr et Jacques de Vitry nous ont laissé les plus curieux renseignements sur les populations de la Syrie et de la Palestine. Etrange confusion de peuples, mélange bizarre de races qui se rencontraient sur cette terre éternellement envahie !

C'étaient les Français, les Bretons, les Anglais, les Italiens, armés pour la sainte cause et toujours prêts à la guerre. Milices de la Croisade sans cesse renouvelées et que l'esprit des guerres saintes jetait de l'occident sur la terre promise. Ceux-là, l'historien les nomme les vrais soldats du Christ. C'étaient les marchands de Gênes, de Pise et de Venise dont les pères s'étaient fait un nom immortel dans les premières guerres sacrées ; mais

la foi des ancêtres avait faibli en eux. « Ils seraient en-
» core infiniment redoutables aux Sarrasins, s'ils re-
» nonçaient à leur jalousie et à leur insatiable avidité,
» et s'ils n'avaient pas entre eux des querelles intermi-
» nables. Ils se battent plus volontiers les uns contre
» les autres que contre la perfide race des païens,
» comme ils se livrent beaucoup plus à leurs trafics et
» à toutes sortes de commerce qu'à la guerre pour le
» Christ, ils réjouissent et maintiennent ainsi nos en-
» nemis en sérénité[1]. »

Au-dessous de ces masses variables d'envahisseurs,
vivaient les couches superposées des vaincus, les peuples que la guerre avait successivement soumis. Les
Sarrasins, ceux qui malgré la défaite des leurs restaient
encore fixés au sol et qui cultivaient la terre dans les
casaux des Francs. Les Grecs et les Syriens dont Jacques
de Vitry nous a parlé longuement : « Il y a encore d'au-
» tres hommes, qui, dès les temps antiques, ont habité
» cette même terre, sous l'autorité de ses divers maîtres,
» Romains, Grecs, Latins et Barbares, Sarrasins et Chré-
» tiens, subissant pendant longtemps et avec des chances
» variées le joug de la servitude, partout esclaves, tou-
» jours tributaires, réservés par leurs maîtres pour les
» travaux d'agriculture et d'autres services de condition
» inférieure; ceux-là sont appelés Syriens. Ces hommes
» sont pour la plupart sans foi, pleins de duplicité, à
» l'instar des Grecs, rusés comme des renards, men-
» teurs et inconstants, dévoués à la fortune, traîtres.
» Devenus espions à vil prix, ils dénoncent les secrets
» des chrétiens aux Sarrasins, car ils ont été mêlés à

---

[1] Bongars, *Gesta Dei per Francos*, p. 1086 et suiv.

» eux, et ils se servent de leur langage. » Les Juifs en-
traient aussi dans ces complicités des races vaincues
contre le vainqueur. N'oublions pas les *Poulains*, ces
enfants dégénérés des premiers soldats de la Croisade,
nés en Palestine et en Syrie et devenus peu à peu in-
dignes de leurs pères. « Ils succédèrent aux possessions,
» mais non aux vertus de leurs aïeux, ils abusèrent des
» biens que leurs parents avaient conquis au prix de
» leur propre sang. Si les *Poulains* n'avaient avec eux
» des Francs et des peuples d'occident, les Sarrasins ne
» les redouteraient pas plus dans leur lâcheté qu'on
» ne redoute des femmes. Eux-mêmes, concluant des
» traités avec ceux-ci, se réjouissent de la paix des en-
» nemis du Christ; ils se suscitent sans cesse des guerres
» civiles et très-souvent demandent des secours contre
» les chrétiens aux ennemis même de notre foi. »

Placés ainsi au milieu des Sarrasins, des Syriens, et
parmi ces *Poulains* même que leurs habitudes et leurs
intérêts donnaient pour alliés à l'ennemi, les Francs,
enveloppés par les populations orientales, subissaient
leurs mœurs et leurs usages. De plus, les nécessités
même de la situation imposaient parfois des traités de
paix avec les Arabes. On en vint souvent à des transactions avec les émirs de la Palestine et de la Syrie;
bientôt même des alliances et des rapports fréquents
de commerce et d'échange s'établirent entre les Musulmans et les colonies militaires de l'orient. De ce moment, l'argent frappé au type chrétien ne suffisait plus
pour entretenir des relations forcément imposées avec
les Sarrasins, il fallut emprunter leur langue et leurs
coutumes et accepter une monnaie émise, à un type
qui leur fût familier.

D'autres causes aussi puissantes rapprochèrent souvent les deux races ennemies. La plupart des princes musulmans de l'Asie, mettant à profit les longs troubles qui avaient amené la décadence des Khalifes de l'Egypte et l'établissement du pouvoir des Seldjoukides, avaient proclamé leur indépendance. Ils devaient donc craindre que les sultans de Perse, desquels ils relevaient, ne voulussent punir ces actes de révolte et réunir toute la Syrie à leur domaine ou du moins en remettre les principautés à des feudataires plus soumis. Les Emirs menacés de la sorte dans la possession de leurs villes et de leurs territoires, songeaient à la fois à éviter la colère d'un maître puissant et à se maintenir dans leur pouvoir usurpé. Ils se liguaient alors avec les Latins, et les uns et les autres, Francs et Arabes, trouvaient une mutuelle garantie dans cette union nécessitée par un commun danger. Plus d'une fois les étendards blancs de Dobaïs se mêlèrent aux bannières de Baudouin ou de Roger, et plus d'une fois les cavaliers de Togdekin ou les archers de Djiavali quittèrent les plaines d'Alep ou de Damas pour venir combattre dans les rangs des Croisés et rivaliser avec eux d'ardeur et de bravoure contre les Turcomans d'El-Ghazy. Ne vit-on pas aussi trop souvent les chefs latins, poussés les uns contre les autres par les plus funestes dissensions, chercher des alliés ou des défenseurs dans l'ennemi commun de leur foi et appeler les princes musulmans à aider des projets d'ambition ou à venger des querelles personnelles? Ces amitiés, que l'intérêt, ou la passion du moment faisaient naître, étaient passagères, il est vrai, mais elles n'en amenèrent pas moins des rapprochements entre les deux peuples, rapprochements qui, sur

divers points, laissèrent les traces les plus marquées.
A Alep, par exemple, vers l'an 1122, les églises s'éle-
vaient à côté des mosquées, et les chrétiens et les musulmans suivaient paisiblement leur culte. Emad-ed-Dîn
remarque que Naplouse avait été longtemps habitée par
les chrétiens et les Arabes simultanément, et que les uns
et les autres cultivaient en fort bonne intelligence les
campagnes des environs. Nous savons par Abou'l-Fidâ
que Ramlah et Lydda furent donnés en partage aux
Arabes et aux Chrétiens. Je pourrais ajouter d'autres
exemples de ces fusions entre les deux peuples, mais
ceux-ci suffiront, je pense, à prouver que la vie leur fut
souvent commune.

Or, cette existence confondue de la sorte, appelait
nécessairement un échange constant des besoins de la
vie : il fallait, dès lors, qu'une monnaie connue des
uns et des autres, vînt faciliter les transactions de
chaque jour. Les Croisés conservèrent donc leur monnayage particulier ; leurs pièces grecques ou latines
circulèrent entre les Grecs et les Latins, mais ils frappèrent, en outre, des espèces monétaires semblables à
celles qui avaient cours parmi les Arabes et ce numéraire, qui facilitait leurs rapports d'intérêt ou de commerce avec les Musulmans de la Palestine et de la
Syrie, était accepté dans tout l'Orient. Faut-il s'en éton-
ner, et ne voit-on pas les rois chrétiens de la Géorgie
ou de l'Arménie, mêlés à des peuples au milieu desquels la guerre les avait jetés ou que la guerre ame-
nait autour d'eux, couvrir leurs monnaies de légendes
arabes ou mongoles. Toujours une même loi régit les
mêmes faits ; un peuple conquérant envahit un pays et
détruit ses forces militaires ; mais une force plus grande

que la résistance armée le subjugue à son tour sur cette terre qu'il a soumise. Les besoins matériels, les nécessités même de son existence, le rapprochent de la population indigène vaincue. Forcé de vivre avec elle et par elle, il parle son langage, il se plie peu à peu à ses habitudes, il subit enfin une partie de ses usages, si toutefois même il n'est pas absorbé par sa propre conquête.

J'éloigne de ce travail une question aussi importante que celle de l'influence de l'Orient sur les colonies européennes. Quels furent les emprunts que les peuples occidentaux des Croisades firent successivement aux usages et à la civilisation arabe ? Je ne puis et je n'ai pas à faire de réponse à cette demande. Je me limite, je l'ai dit, à une note sur ce dinar d'imitation que les historiens arabes nomment le dinar de Sour, et auquel les historiens latins donnent le nom de besant *Sarracenatus*, qu'ils distinguent ainsi du besant *Sarracenus*, c'est-à-dire du besant arabe : les textes vont nous le prouver. Pourquoi cette monnaie n'a-t-elle pas pris le nom de dinar, pourquoi le mot besant a-t-il prévalu ? Je ne saurais le dire. Les Croisés qui se servaient des poids sarrasins, du rotl, par exemple, qu'on trouve cité dans nos auteurs, employaient aussi les dénominations arabes pour les espèces monétaires. Guillaume de Tyr nous a conservé l'édit proclamé dans toute la Terre-Sainte par les chefs de la croisade à l'approche de l'armée menaçante de Salah-ed-Dîn. Quatre collecteurs furent chargés de centraliser rapidement les contributions de guerre, après les avoir prélevées sur tous les habitants.

« Hoc autem debent observare in his omnibus, qui habent

valens centum Byzantiorum, cujuscunque linguæ, cujuscunque
nationis, cujuscunque fidei, non habita differentia sexus : et
sive sint viri, sive sint fœminæ, omnes huic legi subjacebunt. Si
vero prædicti quatuor selecti, qui ad hoc deputati sunt, cogno-
verint pro certo, quod alicujus substantia non valeat centum
Byzantios, accipiant super eum *Foagium*, id est, pro foco, By-
zantium unum : quod si non potuerint integrum, accipient dimidium ; et si dimidium non potuerint, accipient *Rabuinum*,
secundum bona fide videbitur faciendum [1]. »

Du Cange, qui cite le passage de Guillaume de Tyr,
dit : « Raboinus, Rabuinus monetæ species in regno
Hierosolymitano et Cyprio. » Je crois que le raboinus est une fraction du besant. C'est le mot arabe رُبع
roubâh, qui désignait le quart du dinar. Quant au besant
Sarracenus et au besant *Sarracenatus*, mots auxquels
Du Cange attribue la même signification, je pense que
les textes que je vais citer, suffiront à déterminer la
différence entre ces expressions.

Le besant *Sarracenus* est bien le dinar arabe : Raymond d'Agiles dit en parlant de l'émir de Tripoli, que
pour éviter que les Croisés assiégeassent sa ville, cet
émir proposait de leur payer un impôt : « Volebat nobis
» dare rex Tripolis quindecim millia aureorum Sarra-
» cenæ monetæ [2]. » Nous lisons, dans Jacques de Vitry,
à propos d'un des fils de Seif-ed-Dîn : « Iste portat
» vexillum coram eo, quando equitat in expeditione.
» Cui unusquisque fratrum singulis annis pro certo re-
» ditu dignitatis suæ transmittit mille sarracenos [3]. »
Je pourrais multiplier les citations. Quant au besant

---

[1] Bongars, *Gesta Dei per Francos,* p. 1034.
[2] Id., *ibid.,* p. 165.
[3] Id., *ibid.,* p. 1125

Sarracenatus, c'est la pièce frappée au type arabe : la forme passive de l'adjectif *sarracenatus* nous indique suffisamment la signification de ce mot. Il est vrai que le verbe *sarracenare* ne se trouve pas dans Du Cange, mais le Glossaire nous donne *christianare (catechumenum facere)* ; nous sentons par analogie le sens du verbe *sarracenare* et *sarracenari*, dont nous ne connaissons que le participe *sarracenatus*. Ce besant *Sarracenatus*, nous le trouvons partout mentionné dans des actes de vente, dans des cessions de territoire, dans des traités de paix ; il se constitue en sommes considérables dans les contrats de mariage princiers ; il entre en compte dans toutes les stipulations faites par les chrétiens ; il est avec le dinar sarrasin, le numéraire le plus en usage dans tous les pays de l'Orient occupés par les Croisés. Le *Codice diplomatico del sacro militare ordine Gerosolimitano*, publié par Paoli, les *Tabulæ ordinis Theutonici* de Strehlke, le *Trésor des chartes d'Arménie*, de V. Langlois, les cartulaires récemment publiés, les *Recherches géographiques et historiques sur la domination des Latins en Orient*, de M. G. Rey ; toutes les archives des Croisades mentionnent le besant *Sarracenatus*.

An 1168. Avril. Et supradictus Fulco dedit jam dicto Pagano octogintos quinquagenta bisancios Sarracenatos annuatim tali modo, quod dominus Amalricus rex Jerusalem reddet ei annuatim quingentos bisancios Sarracenatos super macellum Acconense ; quos ipse dedit jam dicto Fulconi pro castro suo Sapheth, quod castrum jam dictus dominus Amalricus rex dedit deo et milicie Templi, et jam dictum Templum reddet ei annuatim bisancios Sarracenatos CCCL de bisanciis septuagentis, quos ipsi dederunt predicto Fulconi annuatim propter sartum, quod ipse eis dedit. — Strehlke, p. 5.

An 1169. Août. Quæ vero sint illa, sequencia demonstrant, scilicet MCC bisantii Sarracenati in cathena Acconense annuatim recipiendi pro servitio duorum militum, etc. — Strehlke, p. 6.

An 1173. Mars. Notum sit omnibus tam presentibus quam futuris, quod ego Amalricus per dei graciam in sancta civitate Jerusalem Latinorum rex quintus dono et concedo et confirmo pro pannis infirmorum beate Marie Sante domus hospitalis Theutonicorum pro animâ meâ et antecessorum meorum quadragintos bisantios Sarracenatos in assisiam in funda Neapolitana per IIII^{or} anni terminos. — Strehlke, p. 7.

An 1204. Charte de Gérard de Ham, connétable de Tripoli qui vend aux Hospitaliers sa terre de Tuban au prix de deux mille cent besans sarracenats : « Pretio » duobus millibus et centum bisantiis Sarracenatis. » — Paoli, p. 92.

An 1214. Charte de Léon, roi d'Arménie qui reconnaît avoir reçu des Hospitaliers la somme de dix mille besans sarracenats : « Ipse autem Dominus Magister » consensu et voluntate fratrum suorum de elemosinis » Hospitalis amicabiliter dedit mihi decem millia bisan- » tiorum Sarracenatorum in auxilio supplendi matri- » monii dilecte mee filie quam tradidi in uxorem » illustri Regi Jherosolimitano. » — Paoli, p. 104.

An 1236. Beatrix, fille de Gautier Ledur, vend aux Hospitaliers de l'ordre Teutonique le casal de Sapheth au prix de mille besans d'or : « Precio bisantiorum Sar- » racenatorum mille auri, quos accepi et de quibus me » quietam et solutam voco. » — Strehlke, p. 67.

An 1262, janvier. — Acte passé après arbitrage du légat du pape entre l'évêque, le chapitre de l'église de Nazareth

et les Hospitaliers. L'évêque et le chapitre reconnaissent avoir reçu des Hospitaliers quatre mille besans d'or sarracenats : « Item dederunt et assignaverunt nobis
» predictis archiepiscopo et capitulo Nazareno in pecu-
» nia numerata bisanciorum auri Sarracenatorum qua-
» tuor millia bene ponderatorum ad rectum pondus
» Accon quos a jam dictis magistro et conventu rece-
» pimus et recepisse confitemur renunciantes excep-
» tioni bisanciorum non numeratorum, non recepto-
» rum et non bene ponderatorum. » — Paoli, p. 175.

Je pourrais ajouter encore des citations à ces cita-tions, mais je crains de ne les avoir que trop multipliées. Les chartes font parfois mention du besant d'Antioche — Paoli, p. 121,— du besant de Tripoli — Paoli, p. 122, p. 139, p. 183, — du besant de Syrie — Strehlke, p. 36, p. 70, — que je crois être le même que le besant de Tri-poli. Une chose frappe dans ces actes, c'est le retour de cette phrase : « Bisantii ad rectum pondus Accon » ; et de celle-ci : « *Besans bien prisés au dreit peis d'Acre* », dans les chartes en langue française. Ethum, roi d'Ar-ménie, donne en mariage à sa fille Euphémie vingt-cinq mille besans sarracenats :

« E li donons en mariage XXV. M. besans sarrazinas au pois d'Acre par tele maniere qui nos li doirons les VIII. M. besans en mans. So é a saver or é argent é pierres pretiozes é perles, chascune choze a sun proffit; é so que remandra de XXV. M. besans so è a dire le XVII. M. besans ñ payeruns besans sarra-zinas al pois d'Acre, ce que nos aurons é so qui remandra chas-cun besans à sa valor so é aire qui quatre besans de nos staurat par un besant sarrazinas [1]. »

[1] V. Langlois, *Le Trésor des chartes d'Arménie*, p. 146.

De tous les sarracenats, celui qui jouit du plus grand crédit, c'est le besant au poids d'Acre, aussi est-ce lui que nous trouvons le plus souvent nommé et qui est le plus particulièrement stipulé dans les contrats.

Il ressort de l'examen des chartes que le besant est d'argent et d'or : chose digne de remarque! Si vous en exceptez quelques monnaies de Chypre et d'Arménie, la monnaie d'or des Croisés, je parle des Croisés de Palestine et de Syrie, n'existe pas; quant aux espèces d'imitation arabe, elles sont en grand nombre dans les collections et il semble que le besant au type sarrasin, accepté par les chrétiens et par les musulmans, ait été la monnaie d'or qui ait été la plus répandue, avec la monnaie arabe, dans tous royaumes chrétiens d'outre-mer.

J'en conclus donc que la monnaie frappée à Tyr, à Tripoli, à Antioche et à Acre est le besant *Sarracenatus* des chroniqueurs et des chartes, comme il est le *dinar Soury* des Arabes : expression générale qui se rapportait à tout ce monnayage d'imitation : ce qui explique le passage de Beha-ed-Dîn au sujet de Salah-ed-Dîn : « Il » ne laissa dans son trésor que quarante-sept dirhems » Nasserieh et qu'un djerm' d'or, un dinar Soury, dont » j'ignore le poids. »

Quelle était la valeur du sarracenat d'Acre? Une charte de l'année 1243 extraite des Tables de la commune de Marseille, et citée par Ducange, répond à cette question. « Dimidius Acconis computatur pro libra. » Ce texte est confirmé par le passage de Joinville au sujet de la rançon du roi saint Louis : « Et alors les conseillers » retournèrent parler au Soudan, et rapportèrent au roi » que si la reine voulait payer un milion de besants

» d'or, qui valaient cinq cents mille livres, ils délivre-
» raient le roi [1]. »

La politique du Saint-Siége semble avoir toléré pendant très-longtemps ce monnayage imposé par les
nécessités ; mais peut-être les contrefacteurs se rappro-
chèrent-ils par trop de leurs modèles dans des espèces
qui nous ont échappé jusqu'ici ou que nous ne pouvons
reconnaître en raison même de leur complète ressem-
blance. Toujours est-il que le pape Innocent IV s'éleva
contre des habitudes tant soit peu impies. A son arrivée
de Terre-Sainte, où il accompagnait le roi Louis IX en
qualité du légat du Saint-Siége, et comme chef spirituel
de la croisade, Eudes de Châteauroux rendit compte au
Souverain-Pontife de ce qui se passait outre-mer. Nous
possédons le curieux rapport du légat du Pape pendant
son séjour en Chypre [2], mais nous avons à regretter la
perte du rapport d'Eudes de Châteauroux, daté de Saint-
Jean d'Acre et envoyé à Rome. C'est à un point de cette
dépêche que répond la lettre suivante d'Innocent IV [3] :

« Innocentius, etc., etc., venerabili fratri... episc. Tusculano,
apostolicæ sedis legato, salutem... etc., etc.

Transmissa nobis insinuatione monstrati, quod, cum tibi liquido
constitisset quod in bisanciis et drachmis quæ in Acconensi et
Tripolitana civitatibus fiebant à christianis nomen Machomethi
atque annorum a nativitate ipsius numerus sculpebantur, tu in
omnes illos qui nomen et numerum ipsa in eisdem bisanciis et

---

[1] Joinville, p. 227.

[2] Dacherii Spicilegium, tome VII, p. 213.

[3] *Odorici Raynaldi continuatio Annalium ecclesiasticorum Baronii ad annum
MCCLIII*, § 52, tome XIII, p. 635.

Cette lettre, dans laquelle s'étaient glissées jusqu'ici des erreurs de copie, a été
dernièrement reproduite dans la pureté de son texte. Voyez la savante et curieuse
étude que M. Hauréau, membre de l'Institut, a donnée sous ce titre : *Quelques
lettres d'Innocent IV extraites des manuscrits de la Bibliothèque nationale.*

dragmis, sive in auro sive in argento, sculperent de cetero vel sculpi facerent in regno Jerosolymitano, principatu Antiocheno ac comitatu Tripolitano, excommunicationis sententiam promulgasti ; quare petiisti ut eamdem sententiam robur faceremus firmitatis debitum obstinere. Nos igitur, attendentes non solum indignum esse, sed etiam abominabile hujusmodi blasphemum nomen tam solemni memoriæ commendare, mandamus quatenus sententiam ipsam facias auctoritate nostra, sublato appellationis obstaculo, inviolabiliter observari. Datum Perusii, 11 id. februarii, pontificatus nostri anno decimo. »

Ainsi les défenses étaient formelles. L'excommunication frappait les contrefacteurs : à partir de ce moment le sarracenat des Croisés garde encore le type des dinars fathimites, il se sert de la langue et des caractères arabes, mais il n'emploie plus que des formules pieuses de la foi chrétienne.

Le cabinet des médailles de la Bibliothèque nationale possède huit exemplaires de cette nouvelle monnaie d'or. Toutes ces pièces ont été frappées à Saint-Jean d'Acre. Je donne la description du dinar gravé sous le n° 10.

N° 10.

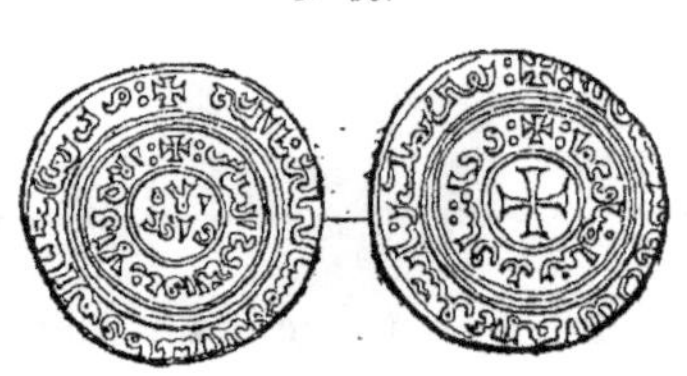

Légende marginale :

ضرب بعكا سنة الف وماينتين احد وخمسين تجسد ربنا المسيح

Frappé à Acre l'an douze cent cinquante et un de l'incarnation de Notre Seigneur le Messie.

Légende intermédiaire :

الاب والابن*والروح القدس

Le Père, le Fils et le Saint-Esprit.

Légende centrale :

الله واحد

Dieu unique.

Revers : légende marginale :

نفتخر بصليب ربنا يسوع المسيح الذى به سلامتنا وتحيتنا وقيامتنا وبه تخلصنا وعفينا

Nous nous glorifions par la croix de Notre Seigneur Jésus le Messie, par lequel nous est venu notre salut, notre vie éternelle et notre résurrection et par qui nous avons été délivrés et pardonnés.

Une autre monnaie de notre collection nationale porté la date de douze cent cinquante-trois.

Une troisième donne la date de douze cent cinquante-quatre.

ضرب بعكا سنة الف وماينتين اربع وخمسين تجسد المسيح

Frappé à Acre l'an douze cent cinquante-quatre de l'Incarnation du Messie.

Le reste des légendes, comme au n° 10.

Les autres exemplaires sont incomplets : le British Museum possède un dinar d'une conservation parfaite portant la date de 1251. J'ai vu, dans la collection de mon savant ami H. Sauvaire, un exemplaire de 1257 ou

de 1259. En l'absence de points diacritiques, le mot
سبع sept, si rapproché du mot تسع neuf, explique notre
hésitation dans la lecture de cette date.

La légende pieuse de ces pièces : « *Le Père, le Fils, le
Saint-Esprit, Dieu unique* », nous était connue. Nous
l'avions déjà rencontrée sur les pièces des rois Bagra-
tides de la Géorgie[1]. Quant à la phrase : « *Nous nous glorifions par la croix de Notre-Seigneur Jésus-Christ* »,
elle répond à la parole de saint Paul : « Mihi absit glo-
riari nisi in Cruce Domini nostri Jesu-Christi[2]. »

Une remarque : Ces monnaies chrétiennes furent frappées en 1251 et dans les années qui suivirent. Elles con-
servent encore le type des pièces fathimites, trente ans
après que les princes Ayoubites l'ont abandonné : cette
persistance n'est-elle pas une preuve du grand crédit
dont jouissait le besant sarracenat, qui maintenait encore le type disparu qu'il avait imité à son origine?

Si nous avons le dinar chrétien, nous possédons aussi
le dirhem des Croisés. Celui-ci est frappé au type des
dirhems du prince Ayoubite de Damas, Emad-ed-Dîn-
Ismaïl. (643 de l'hég. — 1245 de J.-C.)

N° 11.

Voici la description de cette monnaie :

---

[1] V. Langlois, *Numismatique géorgienne*, p. 97.
[2] Gal., 6, 14.

Carré inscrit dans un cercle; légendes des segments
du cercle :

ضرب بعكا
سنة الف وماينين
احد وخمسين
تجسد المسيح

Frappé à Acre
l'an mil deux cent
cinquante-et-un
de l'Incarnation du Messie.

Légende du carré inscrit :

الله واحد هو
الايمان واحد
المعمودية واحد

Un Dieu,
une foi,
un baptême.

Au revers :
Carré inscrit dans un cercle; légendes des segments
du cercle :

لله المجد
الى ابد
الابدين
امين امين امين

Gloire à Dieu,
de siècle
en siècles.
Amen, amen, amen.

Légende du carré inscrit :

الاب والابن
والروح القدس
الله واحد

Le Père, le Fils
et le Saint-Esprit,
Dieu unique.

La Bibliothèque nationale possède trois exemplaires
de cette pièce ; ce sont des variétés, la date ne diffère
pas. Deux dirhems que M. Schlumberger a eu la bonté
de me communiquer, appartiennent à cette série de pièces émises à la même époque. La croix du revers, plus
grande et plus épaisse, est entourée d'un cercle en cor-
donnet.

L'obole de ces deniers, qui est aussi au Cabinet des médailles, ne contient ni le nom de la ville, ni la date de l'émission.

N° 12.

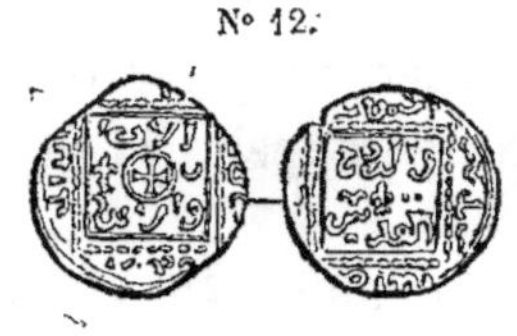

Carré inscrit dans un cercle ; légendes des segments :

(الله الجد)	Gloire à Dieu,
الى ابد	de siècle
الابدين	en siècles.
امين	Amen.

Légende du carré :

الاب	Le Père,
والابن	et le Fils,

Au centre, une croix ; à gauche, fleur de lys ; à droite, croissant.

Revers :

Carré inscrit dans un cercle ; légendes des segments :

الله واحد	Dieu unique.
(الله الجد)	Gloire à Dieu,
الى ابد	de siècle
الابدين امين	en siècles. Amen.

Légende du carré :

والروح	Et l'Esprit
القدس	Saint.

Au centre, fleur de lys ; à droite, deux points.

Bien que le nom de la ville ne soit inscrit ni sur l'une ni sur l'autre de ces œux oboles, je ne crois pas qu'on puisse rapporter ces pièces à d'autres ateliers monétaires qu'à celui de Saint-Jean d'Acre ; la fabrique du denier et de l'obole est la même, et d'ailleurs la fleur de lys gravée dans le champ rappelle la fleur de lys des pougeoises d'Acre [1].

La légende des dirhems : « *Un Dieu, une foi, un baptême* », est empruntée à saint Paul [2]. Nous la trouvons dans le rapport d'Eudes de Châteauroux, que j'ai déjà cité et que le légat du Saint-Siége adressait de Chypre au pape Innocent IV :

« Die vero Epiphaniæ catechizavi quinquagenta VII Saracenos captivos : qui licet deberent nullam libertatem assequi, prout illis expresse dictum est, tamen instanter petebant fidei sacramentum. Et postquam ex illis triginta manu propria baptizavi, perrexi ad processionem Græcorum super quemdam fluvium : qui in præsentia Regis Franciæ, et Regis Cypri, et mea, recognoverunt quod erat *unus Deus, una fides, unum baptisma*... Et confessi sunt quando tinxerunt crucem in aqua : nec aliud dixerunt nisi hoc, *lumen Pater, lumen Filius, lumen Spiritus Sanctus* [3]. »

On le voit, la monnaie de Saint-Jean d'Acre, avec les formules de la foi, a, elle aussi, reçu le baptême.

Une question se pose maintenant : Par qui a été frappé cette monnaie imitée du type fathimite, ce besant sarracenat si souvent cité dans les chroniqueurs et dans les chartes ? Qui a émis ce nouveau dinar de Saint-Jean d'Acre, devenu chrétien avec ses légendes arabes ? Cette

---

[1] V. Saulcy, *Numismatique des Croisades,* p. 70.
[2] Ephes., 4-5.
[3] Dacherii Spicilegium, tomé VII, p. 223.

pièce, sort-elle des ateliers monétaires des rois de Jérusalem, des princes de Tripoli ou des princes d'Antioche,
ou n'est-elle qu'une monnaie anonyme, la monnaie de
la Croisade, source de revenus, exploitée par les Pisans,
les Génois ou les Vénitiens, par ces Italiens, habiles
spéculateurs, qui se ménagèrent tous les bénéfices com-
merciaux des expéditions d'outre-mer et que Jacques de
Vitry a dépeints dans cette phrase : « In re sua publica
procuranda diligentes et studiosi [1]. »

Mon opinion est que les Vénitiens se firent les fer-
miers de ce monnayage lucratif. En effet, parmi les
priviléges accordés aux Vénitiens par le roi d'Arménie,
Léon II, en 1201, se trouve cette clause : « Omnes Ve-
» netici qui adduxerint aurum et argentum, et bisancios
» seu monetas, inde fecerint vel operati fuerint in terra
» mea, hii teneantur persolvere dricturam, sicut persol-
» vunt hii qui bisancios seu monetas operantur in Ac-
» conensibus partibus. Quod si bisancios seu monetas
» non operati fuerint, nullatenus persolvere dricturam
» teneantur [2]. » En 1245, Hethum Ier confirme ces priviléges à la République et les renouvelle dans des termes
identiques. La chrysobulle de Léon III en 1271, n'est
qu'une traduction française des chartes précédentes.
« Mais tous les Vénétiens chi porteront or et argent, et
» vodront coygner besanz ou monée, si donront la droi-
» ture, si cum ceaus chi à Acre donent droiture de be-
» sanz ou de monée. E se l'or ou l'argent ne se coigne
» besanz ou monée, ne donront nulle droiture. » Les
Vénitiens frappaient donc monnaie à Saint-Jean d'Acre,
en payant un droit : ils avaient aussi leur zecca à Tyr.

---

[1] Bongars, *Gesta Dei per Francos*, p. 1085.
[2] V. Langlois, *Le Trésor des chartes d'Arménie,* p. 109.

MM. Tafel et Thomas nous ont donné un document des plus curieux[1]. C'est un rapport fait en 1243, au Doge, par Giorgio Marsigli, baile de Venise, ou plutôt c'est un état des possessions et des revenus de la République en Syrie à cette époque. Après avoir énuméré les propriétés de Venise à Tyr, le baile se plaint de ce qu'on retienne à la République une maison qui appartenait autrefois à Venise : « Retinctur nobis una domus in nostro tercierio, » magna, in quâ, in tempore Marchionis Montisferrati, » qui fuit dominus Regni, fabricata et incusa moneta » fuit : quam domum dictus Marchio, dedit et tradidit » Ansaldo Bonuisini. Et nunc suus filius Balduinus Bo- » nuisini habet et possidet. Et ignoramus causam, quare » fuerit ei tradita, et quare possideat. » La royauté d'une année de Conrad de Montferrat s'était éteinte en 1192. Venise, à cette époque, frappait donc monnaie à Tyr.

Les chartes de Léon II, en 1201, celles de Héthum, en 1245, et de Léon III, en 1271, nous apprennent que les Vénitiens, soumis à un certain droit, frappaient des besants et des monnaies à Saint-Jean d'Acre. Je crois avec Carlo Marin, l'historien du commerce de Venise, que le génie commercial de ce peuple trouva dans le trafic de l'or et de l'argent, et dans la conversion du métal en espèces, une source de grands revenus, et je pense que ce furent les Vénitiens qui frappèrent les monnaies anonymes des Croisades.

Je terminerai ce mémoire par une dernière observation. Les dates du besant d'Acre concordent avec les années du séjour de saint Louis en Palestine : 1251 — 1253 — 1254. A partir de ce moment, le sarracenat de

---

[1] *Fontes Rerum Austriacarum*, vol. XIII.

Ptolémaïs, tout en gardant le type primitif du dinar fathimite et en se servant encore des caractères et de la langue arabes, inscrit dans ses légendes les formules pieuses de la foi catholique : il ne dissimule plus son origine et sa nationalité, il l'affirme. Je pense et je n'hésite pas à dire que l'instigateur de cette réforme monétaire fut saint Louis. Nous voyons, en effet, le roi, fidèle à la même pensée, poursuivre le même but à son retour en France. Par une complaisance intéressée, le comte de Toulouse, son frère, autorisait, dans le comté venaissin, l'émission de pièces imitées des pièces arabes. En 1268, saint Louis écrivait au comte en le priant de faire cesser ce scandaleux abus : « *In cujus (monetæ) superscrip-* » *tione,* dit la lettre du roi, *fit mentio de nomine per-* » *fidi Mahometi, et dicitur ibi esse propheta Dei; quod* » *est ad laudem et exaltationem ipsius, et detestatio-* » *nem et contemptum Fidei et nominis christiani. Ro-* » *gamus vos quatenus ab hujusmodi opere faciatis* » *cudentes cessare* [1]. » Deux ans auparavant, le pape Clément IV, par une bulle datée du 26 septembre 1266, avait vivement admonesté l'évêque de Maguelone, Bérenger de Frédol, qui, au mépris de l'honnêteté de sa profession, pratiquait sur ses terres de semblables errements. « En vain, disait le Souverain-Pontife, vous » vous retrancheriez derrière l'usage pour excuser vos » torts. Au lieu de vous justifier vous-mêmes, vous ne » réussiriez qu'à accuser vos prédécesseurs ; car un tel » usage est un indice de corruption. Si c'est l'amour du » gain qui lui a donné naissance et le perpétue, une » pareille spéculation ne peut que déconsidérer la di-

---

[1] A. Germain, *Mémoire sur les anciennes monnaies seigneuriales de Melgueil et de Montpellier*, p. 33.

» gnité épiscopale, puisque nous ne la tolérons même
» pas chez de simples clercs. Consultez votre confrère
» l'évêque d'Agde ; il vous dira combien, dans une posi-
» tion différente de celle d'aujourd'hui, nous nous
» sommes montré antipathique, en ce qui le regardait,
» à cette ligne de conduite. »

L'autorité du roi n'a aucune action sur l'évêque de
Maguelone, qui échappe à sa juridiction ; mais on sent
que la bulle du Pape a pour inspirateur la volonté de
saint Louis. Je n'en veux pour preuve que cette phrase
de la lettre de Clément IV : « Aussi n'hésitons-nous
» point à mander à Votre Fraternité, par ces Lettres
» apostoliques, que, si c'est sur les terres royales
» que vous agissez de la sorte, vous ayez à obéir aux
» ordres du roi. » En Orient comme en France, saint
Louis, faisant appel au pouvoir spirituel du Pape, entre-
prend de réformer ce monnayage impie. A Saint-Jean
d'Acre, où le roi le rencontre, le besant imité du dinar
arabe, jouit d'une grande faveur commerciale ; c'est le
numéraire connu et accepté depuis longtemps de tous.
Il sert aux grandes transactions ; les usages lui donnent
comme une possession d'état : le roi le maintient en le
modifiant : mais sans atteindre son crédit, il ajoute à sa
loyauté, et le sarracenat devient désormais une monnaie
purement chrétienne sous un type musulman.

VERSAILLES, IMPRIMERIE CERF ET FILS, RUE DUPLESSIS, 59.